Mein großes Jahreszeiten-Buch

Eine Geschichte von Hermien Stellmacher
Mit Bildern von Regine Altegoer

arsEdition

Frühling, Sommer, Herbst oder Winter — welches ist die schönste Zeit?

Eins ist für Niklas klar: »Es gibt nichts Schöneres als den Frühling! Im Winter ist alles so kalt und kahl — da freue ich mich über die Vögel, die wieder singen, und über die vielen Blumen, die dann überall blühen. Endlich ist das Leben wieder bunt und der Osterhase versteckt die Eier! Ich bin ein Frühlingskind!«

»Ich mag den Sommer, weil es dann so richtig warm ist«, erzählt Lena. »Die Tage sind schön lang und ich kann viel draußen spielen und Eis essen. Endlich ist das Wasser im See so angenehm, dass ich dort plantschen kann. Dieses Jahr lerne ich auch schwimmen ohne Schwimmflügel! Ich bin ein Sommerkind!«

»Ich freue mich jedes Jahr auf den Herbst«, sagt Fabian. »Denn da kann ich so viel sammeln und basteln. Aus Kastanien, Eicheln und Zweigen mache ich lustige Tiere. Außerdem lasse ich gerne Drachen steigen. Dafür ist der Herbst die beste Jahreszeit! Ich bin ein Herbstkind!«

Antonia mag den Winter am liebsten: »Wenn es so richtig kalt ist und draußen der erste Schnee liegt, weiß ich gar nicht, was ich zuerst machen möchte:
einen Schneemann bauen oder Schlittschuh laufen ...
Außerdem mag ich den Winter, weil wir da Weihnachten feiern! Ich bin ein Winterkind!«

Im **Frühling** erwacht die Natur aus ihrem Winterschlaf. Die Tage werden länger und die Schneeglöckchen blühen schon im Garten. Sobald es etwas wärmer geworden ist, kommen immer mehr Blumen hervor.

Huflattich   Leberblümchen   Anemone   Veilchen   Schneeglöckchen

Die Tiere erwachen allmählich aus dem Winterschlaf und am Waldrand genießen die Eidechsen die ersten Sonnenstrahlen.
Auch bunte Schmetterlinge, wie Zitronenfalter, Kleiner Fuchs und Tagpfauenauge, sind jetzt wieder unterwegs.

Schon früh am Morgen singen die Amseln. Die Zugvögel kehren zurück und im Wald trommelt der Specht. Er lockt so ein Weibchen an, er baut seine Nisthöhle und zeigt den anderen Vögeln, dass dies sein Revier ist. Für Bienen und Hummeln ist der Nektar der Weiden-

kätzchen die erste Nahrung im Jahr, und daher sollten wir die unter Naturschutz stehenden Zweige nicht für den Osterstrauß abschneiden!

Frösche und Kröten werden jetzt aktiv. »Erwachsene« Grasfrösche kehren zu ihrem Geburtsteich zurück. Mit lautem Gequake locken die Frosch-Männchen die Weibchen an. Der Froschlaich schwimmt in großen Klumpen auf dem Wasser und nach drei bis vier Wochen können wir erste Kaulquappen entdecken. So entwickeln sich die Kaulquappen: Zuerst bestehen sie nur aus Kopf und Schwanz. Dann wachsen ihnen zwei Beine, später noch ein zweites Paar.

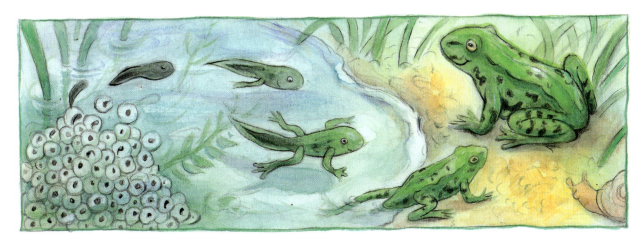

Jetzt sehen sie schon aus wie kleine Frösche. Auf dem Weg zu ihrem Geburtsteich müssen die Kröten (zu erkennen an ihrer warzigen Haut und den waagrechten Pupillen) und Frösche (glatte Haut und kreisrunde Pupillen) auch Straßen überqueren. Damit sie nicht überfahren werden, bauen Naturschützer an bestimmten Stellen Krötentunnel. Durch diese gelangen die Kröten sicher zu ihren Laichplätzen.

Niklas kann es kaum erwarten, bis es draußen wärmer wird. Gemeinsam mit seinem Opa hat er im Herbst ein Beet angelegt und Blumenzwiebeln gesetzt. Schon spitzen dort die ersten Tulpen und Osterglocken aus dem Boden, aber zum Aussäen von Blumen und Gemüse in das Beet ist es noch viel zu früh. Noch kann es Nachtfrost geben!

Zum Glück hatte Opa eine tolle Idee: Man kann nämlich auch im Zimmer schon einen kleinen Garten anlegen! Im Kindergarten haben es Niklas und seine Gruppe gleich ausprobiert! (s. grüne Ausklappseite)

Das kirchliche Osterfest rückt nun immer näher. Der letzte Sonntag vor Ostern wird Palmsonntag genannt, an dem wir uns an den Tag erinnern, an dem Jesus auf einem Esel in Jerusalem einzog.

Die Menschen legten damals abgeschnittene Palmwedel als Siegeszeichen auf seinen Weg. Heute gedenken wir dieses Ereignisses durch eine Palmprozession. Da bei uns keine Palmen wachsen, binden die Menschen Buchsbaumzweige an Stöcke, die sie mit bunten Eiern, Gebäck und Bändern verzieren. Diese »Palmbuschen« werden in der Prozession mitgetragen.

Der Donnerstag vor Ostern wird Gründonnerstag genannt. Früher kamen an diesem Tag die ersten frischen Kräuter des Jahres auf den Tisch. Bei Niklas zu Hause gibt es deshalb am Gründonnerstag Kräuteromelett oder Pellkartoffeln mit grüner Soße. Und bei dir?
Am Karfreitag gedenken wir der Kreuzigung Jesu. Dieser Tag steht mit Stille und Besinnlichkeit ganz im Zeichen der Trauer.
Am Abend des Karsamstags werden vielerorts Osterfeuer entfacht. Auch vor den Kirchen. Die sprühenden Funken sollen die Auferstehung Jesu darstellen.

Der Pfarrer oder der Priester zündet an diesem Feuer die große Osterkerze an und trägt diese dann in die dunkle Kirche. Auch wir können unsere mitgebrachten Kerzen an der Osterkerze anzünden und das Licht später nach Hause tragen.

An Ostern feiern wir das höchste und älteste Fest der Christen: die Auferstehung Christi. Eine wichtige Rolle spielt bei diesem Festtag das Ei.

Denn wenn ein befruchtetes Ei ausgebrütet wird, entsteht etwas Neues: ein kleines Küken, das sich mit seinem winzigen Schnabel einen Weg durch die Schale hindurch nach außen pickt. Daher ist das Ei das Sinnbild der Auferstehung und des neuen Lebens.

Es ist schon lange Brauch, Eier zu Ostern bunt anzumalen. Niklas hat für den Ostertisch schöne Eierbecher gebastelt. (s. grüne Ausklappseite)

Natürlich dürfen auch die Schokoladenostereier nicht fehlen! Niklas freut sich schon auf die Ostereiersuche. Wie viele der Osterhase wohl diesmal versteckt hat?

Im Mai blühen überall Blumen und die Blätter leuchten in den unterschiedlichsten Grüntönen!

Niklas hat zu Hause kleine Pflanzen in Töpfen gezogen. »Ich warte, bis die Tage der Eisheiligen, Pankratius, Servatius, Bonifatius und die Kalte Sophie, Mitte Mai vorbei sind, denn da kann es noch mal sehr kalt werden. Erst danach pflanze ich meine Stecklinge ins neue Beet!«

Am zweiten Sonntag im Mai ist Muttertag. An diesem Tag verwöhnen wir unsere Mama, die das ganze Jahr über für uns da ist, und basteln etwas Schönes für sie. Niklas hat ein tolles Blumenbild für seine Mutter gemalt. Dieses Jahr haben sich Niklas und sein Papa eine tolle Überraschung ausgedacht: Sie haben ein Picknick am See vorbereitet. Nachmittags gehen sie alle zusammen rudern und Papa freut sich schon auf »seinen« Vatertag!

An Brennnesseln entdecken wir die Raupe vom Kleinen Fuchs. Bevor aus ihr ein schöner Schmetterling wird, muss sie sich erst noch verpuppen. Dafür spinnt sie aus ihrem Körper einen langen Faden und hüllt sich damit vollständig ein.

Eifrig bauen die Vögel ihr Nest.

Auch im Zoo kommen im Frühling viele Tierbabys zur Welt. Manchmal sogar ein kleiner Elefant!

Nicht nur Katzenmütter sind jetzt rund um die Uhr mit ihren Kleinen beschäftigt.

Elefanten bringen bei ihrer Geburt etwa 120 kg auf die Waage, so viel wie 40 Menschenbabys!
Die Stoßzähne der Elefanten kommen erst zum Vorschein, wenn sie zweieinhalb Jahre alt sind.
Elefanten wachsen ihr Leben lang. Je älter sie werden, desto größer und schwerer werden sie.

Im **Sommer** steht die Natur in voller Blüte und ist bunt wie sonst nie im Jahr. Überall blühen Blumen in den schönsten Farben.

In der Erde arbeiten jetzt viele Tiere eifrig, zum Beispiel der Regenwurm. Er lockert die Erde, produziert Humus (s. gelbe Ausklappseite) und ist sehr wichtig für den Boden. Hast du gewusst, dass ein Regenwurm bis zu zehn Jahre alt werden kann?

Am Teich schlüpfen die Libellen. Die kleinen Libellen, die wie fliegende blaue Stäbchen aussehen, heißen Hufeisen-Azurjungfern. Die großen blaugrünen Mosaikjungfern werden fast 8 Zentimeter lang!

Lustige Eierbecher

Es ist gar nicht schwer, selber schöne Eierbecher zu basteln.
Wir brauchen Tonpapier in verschiedenen Farben, einen schwarzen Filzstift, eine Schere, Klebstoff und ein Lineal.
Für die Eierständer schneiden wir aus Tonpapier 15 x 5 cm große Papierstreifen. Diese werden zu einem Ring zusammengeklebt. Dann zeichnen wir auf dem Tonpapier Tiergesichter oder Blumen, die wir anschließend ausschneiden. Bevor wir sie an den Papierring kleben, werden die Gesichter und Blumen mit Nase, Mund, Augen, Ohren oder Blütenherzen vervollständigt. Man kann dies mit andersfarbigem Tonpapier machen, aber auch mit Filzstift.

Wir legen ein Zimmergärtchen an

Ein wasserdichtes Tablett aus Blech oder Plastik füllen wir mit lockerer Erde. Dann säen wir Samen aus, z. B. Kresse, Erbsen, Feuerbohnen, Senf. Vielleicht sind auch noch ein paar Weizenkörner vom Vogelfutter übrig. Die können wir auch verwenden. Die Samen werden leicht mit Erde abgedeckt und vorsichtig gegossen. Am besten hält man die Erde mit einer Sprühflasche feucht. Jetzt muss man nur noch etwas Geduld haben ... und nach einer Woche ist aus dem Tablett ein richtiger kleiner Garten geworden!

Der Osterhase als Eierbote (»Geheimzeilen« für die Großen)

Schon seit ca. 300 Jahren glauben die Kinder, dass der Osterhase uns die Ostereier bringt. Das war nicht immer so. Früher gab es eine Menge anderer Tiere, die die Eier angeblich brachten: Da gibt es Geschichten vom Osterhahn, vom Osterfuchs, vom Osterstorch und dem Kuckuck. Man geht davon aus, dass man beim Osterhasen geblieben ist, weil er unter den heimischen Tieren das fruchtbarste Tier, also das beste Frühlingssymbol ist. Außerdem ist der Hase das Tier der griechischen Göttin Aphrodite und der germanischen Frühlingsgöttin Ostrara. Zu Ehren der Göttin Ostrara sollen die Germanen jährlich zu Beginn des Frühlings ein großes Fest gefeiert haben.

Die Tulpe

Dunkel war alles und Nacht.
In der Erde tief
die Zwiebel schlief,
die braune.

Was ist das für ein Gemunkel,
was ist das für ein Geraune,
dachte die Zwiebel,
plötzlich erwacht.
Was singen die Vögel da droben
und jauchzen und toben?

Von Neugier gepackt,
hat die Zwiebel
  einen langen Hals gemacht
und um sich geblickt

mit einem hübschen
  Tulpengesicht.

Da hat ihr der Frühling
entgegengelacht.

Josef Guggenmos

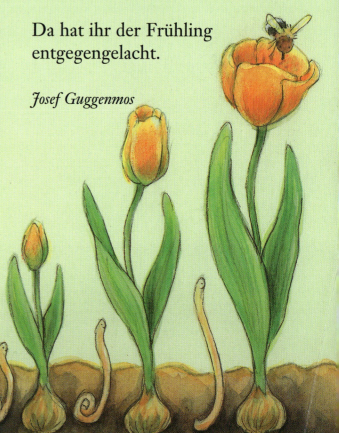

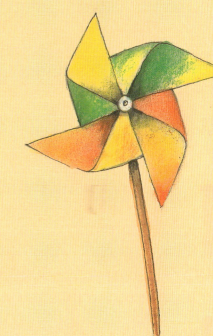

Wir basteln ein Windrad

Wir nehmen ein Stück festes, bunt bemaltes Papier und schneiden daraus ein Viereck (ca. 20 x 20 cm).
Mithilfe von einem Lineal und einem Bleistift ziehen wir ganz dünne Linien von Ecke zu Ecke.
Dann schneiden wir vorsichtig an der Linie entlang, bis zu unserer Markierung, und kleben jeweils eine Spitze in der Mitte fest.
Das fertige Windrad wird mit einem Nagel an einem Stock befestigt.

Wir basteln Naturketten

Aus den vielen Sachen, die wir im Wald gesammelt haben, können wir schöne Naturketten und Mobiles basteln.
Wir binden die Eicheln, Hagebutten, Zapfen, Samenhülsen und getrockneten Blätter nacheinander an einen Faden.
Wenn wir mehrere kurze Ketten machen, können wir sie zu einem Waldmobile zusammenfügen.

Wer war St. Martin und warum gibt es Laternenumzüge?

Martin lebte vor langer Zeit als Soldat in Frankreich. An einem kalten Wintertag ritt er durch eine Stadt und sah einen Bettler am Tor sitzen. Der Bettler zitterte vor Kälte, da er keine warme Kleidung hatte. Martin konnte dem Mann weder Geld noch Essen geben, da er selber nichts hatte. Aber er trug einen schönen warmen Mantel. Den teilte er mit seinem Schwert in zwei Teile und legte die eine Hälfte dem zitternden Bettler um die Schultern, damit er nicht mehr frieren musste. Bald war Martin in der ganzen Gegend wegen seiner Nächstenliebe und Hilfsbereitschaft bekannt. Daher wollten die Menschen, dass er ihr neuer Bischof werden sollte. Aber Martin war viel zu bescheiden und er versteckte sich in einem Gänsestall. Die Leute suchten überall nach ihm – als es dunkel wurde, auch mithilfe von Laternen.

Da fingen die Gänse so laut an zu schnattern, dass man Martin fand. Am 11. November 394 wurde Martin beerdigt, und zur Erinnerung an ihn ziehen Kinder jedes Jahr an diesem Tag mit selbst gebastelten Laternen durch die Straßen und singen Martinslieder.

Zum Beispiel dieses:

Laterne, Laterne

La - ter - ne, La - ter - ne, Son - ne, Mond und Ster - ne. Bren - ne auf mein Licht, bren - ne auf mein Licht, a - ber du, mei - ne lie - be La - ter - ne, nicht.

Manchmal wird es in Form von Brezeln gebacken, aber es gibt auch Hörnchen oder Schiffchen.

Am 11. November ist Martinstag. An diesem Tag erinnern wir uns an den heiligen Martin (s. beige Ausklappseite). Heute werden Laternen gebastelt und Martinsbrot gebacken.

Auch in Fabians Kindergarten gibt es St.-Martins-Brezeln – aber gar nicht genug für alle! Das hat einen bestimmten Grund:
An St. Martin teilen wir das Brot mit unseren Freunden, so wie der heilige Martin seinen Mantel mit einem armen Bettler geteilt hat.
Am Abend gehen Fabian und seine Kindergartengruppe mit den selbst gebastelten Laternen durch die Straßen und singen Martinslieder.

Im **Winter** ruht sich die Natur aus. Die Laubbäume sind nun kahl und neue Knospen warten in einer schützenden Hülle bis zum Frühling. Jetzt kann man die verschiedenen Baumformen gut unterscheiden!

Kastanie Buche

Birke Eiche

Auch die Tiere legen eine Pause ein. Manche, wie die Haselmaus oder der Siebenschläfer, machen einen richtigen Winterschlaf.

Wer einen warmen Schneeanzug hat, kann sich einfach rückwärts in den frischen Schnee fallen lassen. Das gibt einen tollen Abdruck!

Andere Tiere, wie Fuchs und Hase, sind auch im Winter unterwegs. Sie tragen jetzt ihre Jungen aus. Diese kommen Ende Februar zur Welt. Wenn es geschneit hat, können wir Spuren lesen: Welche Tiere waren wohl im Wald und auf den Feldern unterwegs? Natürlich können wir selber auch Spuren im Schnee hinterlassen.

Nach unserem Kalender ist der Sommeranfang am 21. Juni. Lena hat sich schon sehr auf diesen Tag gefreut. »Heute ist die kürzeste Nacht des ganzen Jahres und wir begrüßen den Sommer mit einem großen Sonnwendfeuer. Wenn es fast dunkel ist, wird der Holzstoß angezündet, und ich darf aufbleiben, bis das Feuer ganz heruntergebrannt ist!«

Fledermäuse gehen nachts auf die Jagd. Sie stoßen für Menschen unhörbare Töne (Ultraschall) aus. Diese Töne prallen an ihrer Beute, wie Fliegen und Falter, ab. Durch dieses Echo kann die Fledermaus ihre Beute auch bei größter Dunkelheit finden.

An warmen Abenden gibt es etwas Besonderes zu beobachten: Glühwürmchen. Das sind kleine Leuchtkäfer, die an der Unterseite ihres Hinterleibes phosphoreszierende Leuchtorgane haben. Nur die Männchen können fliegen.

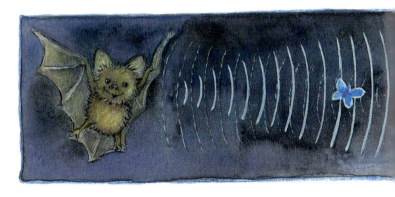

Der Wald ist im Sommer ein wunderbarer Schattenspender. Sogar bei großer Hitze ist es dort angenehm kühl. Ein Baum besteht aus Wurzeln, Stamm, Ästen, Zweigen und Blättern. Jede Baumart hat ihre eigene Blattform.

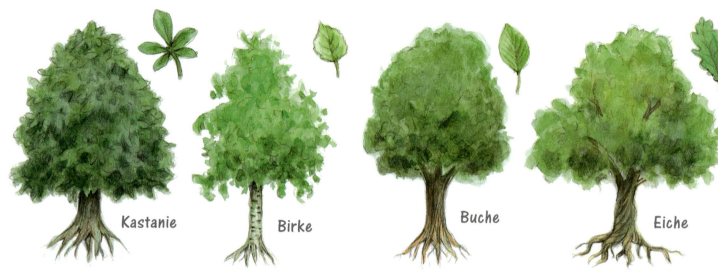

Ein ganz wichtiger Waldbewohner ist winzig klein: die Waldameise. Ameisen leben in großen Völkern zusammen und man nennt sie die Polizei des Waldes. Sie räumen den Wald auf, indem sie tote Tiere in ihren Bau verfrachten und sie fressen. Sie fressen außerdem viele Insekten, wie Spinnen, Käfer und Raupen, und sorgen so dafür, dass sich diese nicht übermäßig ausbreiten können.

Das Nest der Roten Waldameise besteht aus einem aus Fichten- und Kiefernnadeln, Rindenstücken und anderen Pflanzenteilen hergestellten Hügel und einem darunterliegenden unterirdischen Bau. In einem solchen Bau leben so viele Tiere wie Menschen in einer Großstadt! Jede Ameise hat ihre eigene Aufgabe, wie Brutpflege, Nestbau oder das Heranschaffen von Nestmaterial und Futter.

»Im Sommer gibt es im Garten eine Menge Arbeit«, weiß Lena. »Aber nicht nur die Menschen sind fleißig, auch Bienen und Hummeln sind nun den ganzen Tag am Nektarsammeln. Wenn man sich ganz still neben das Blumenbeet setzt, hört man ihr lautes Summen und Brummen!«

Nach der Blüte reifen jetzt an Obstbäumen und Beerensträuchern die Früchte heran. »Ende Mai gibt es bei uns im Garten die ersten Erdbeeren«, erzählt Lena. »Und im Juli ist Erntezeit für Himbeeren, Stachelbeeren, Johannisbeeren, Süß- und Sauerkirschen.

Die meisten Blumen schließen am Abend ihre Blüten, aber nicht alle. Die Nachtkerze öffnet ihre gelben Blüten erst in der Dämmerung. Vor allem Nachtfalter werden von ihrem Duft angelockt.

Dieses Jahr gibt es besonders viele Himbeeren und Mama und ich haben eine Menge Marmelade eingekocht. Die Etiketten für die Gläser habe ich selber gemalt. Sind die nicht toll geworden?«

Eigentlich braucht man im Sommer gar nicht weit weg in Urlaub zu fahren. Auch zu Hause können wir eine Menge unternehmen, zum Beispiel eine Radtour oder ein Picknick. »Letzte Woche haben wir einen Ausflug an den See gemacht«, erzählt Lena ihrem Opa. »Da musste ich mich gut eincremen, sonst hätte ich einen Sonnenbrand bekommen! Mama hat mir Schwimmen beigebracht. Ich kann schon ein ganzes Stück ohne nix schwimmen. Bald mache ich mein Seepferdchen!«

Auch mit ihrer Kindergartengruppe ist Lena im Sommer viel draußen. Wenn das Wetter sehr warm ist, machen sie manchmal Picknick auf einer großen Wiese.
Jeder bringt dazu etwas mit. Jakob, Lenas bester Freund, hat heute eine große Tüte Kirschen dabei. »Da können wir hinterher Kirschkernspucken machen!«, ruft Lena.

Zum Thema Humusbildung

Es gibt eine ganz einfache Möglichkeit zu beobachten, wie Regenwürmer Humus produzieren:
Für das Experiment brauchen wir ein großes Glas, z. B. ein Gurkenglas. Wir schichten abwechselnd je 3 cm feine Erde und Sand in das Glas. Jede Schicht wird mit etwas Wasser besprüht. Ist das Glas zu drei Viertel voll, legen wir vorsichtig einige Regenwürmer hinein und außerdem ein paar trockene Blätter. Dann verschließen wir das Glas mit einem Stückchen Gaze (dünner Stoff) und einem Gummiring und stellen es an einen dunklen Ort. Schon nach einigen Tagen sehen wir, wie die Regenwürmer gearbeitet haben: Sie haben Gänge durch die verschiedenen Schichten gegraben und sie so vermischt. Und auch das eine oder andere Blatt ist in den Schichten verschwunden.

Eis selber machen

Wenn es so richtig heiß ist, macht Lena selber Eis:
»Das ist ganz einfach: Zuerst zerdrücke ich frische, reife Früchte mit einer Gabel, bis sie ganz matschig sind. Dann mische ich das Fruchtmus mit Joghurt und fülle es in kleine leere Joghurtbecher. Zum Schluss stecke ich in jeden Becher einen Holzstiel und stelle die Becher ins Gefrierfach. Und schon bald ist das beste Eis der Welt fertig! Ich esse am liebsten Erdbeereis. Und was ist dein Lieblingseis?«

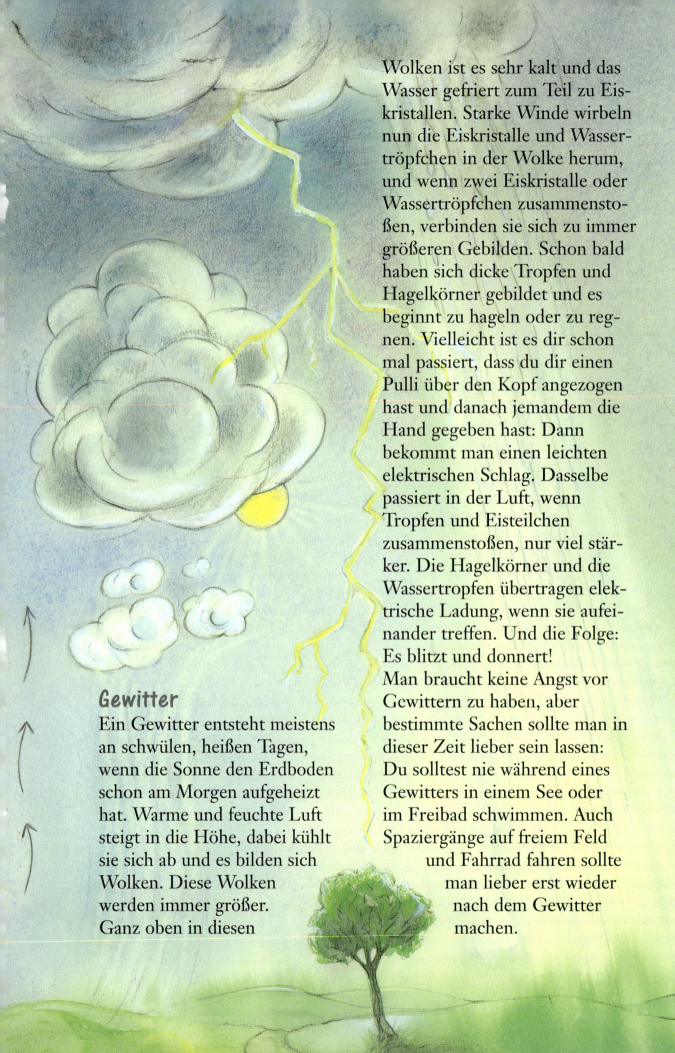

Gewitter

Ein Gewitter entsteht meistens an schwülen, heißen Tagen, wenn die Sonne den Erdboden schon am Morgen aufgeheizt hat. Warme und feuchte Luft steigt in die Höhe, dabei kühlt sie sich ab und es bilden sich Wolken. Diese Wolken werden immer größer. Ganz oben in diesen Wolken ist es sehr kalt und das Wasser gefriert zum Teil zu Eiskristallen. Starke Winde wirbeln nun die Eiskristalle und Wassertröpfchen in der Wolke herum, und wenn zwei Eiskristalle oder Wassertröpfchen zusammenstoßen, verbinden sie sich zu immer größeren Gebilden. Schon bald haben sich dicke Tropfen und Hagelkörner gebildet und es beginnt zu hageln oder zu regnen. Vielleicht ist es dir schon mal passiert, dass du dir einen Pulli über den Kopf angezogen hast und danach jemandem die Hand gegeben hast: Dann bekommt man einen leichten elektrischen Schlag. Dasselbe passiert in der Luft, wenn Tropfen und Eisteilchen zusammenstoßen, nur viel stärker. Die Hagelkörner und die Wassertropfen übertragen elektrische Ladung, wenn sie aufeinander treffen. Und die Folge: Es blitzt und donnert!
Man braucht keine Angst vor Gewittern zu haben, aber bestimmte Sachen sollte man in dieser Zeit lieber sein lassen: Du solltest nie während eines Gewitters in einem See oder im Freibad schwimmen. Auch Spaziergänge auf freiem Feld und Fahrrad fahren sollte man lieber erst wieder nach dem Gewitter machen.

Nach dem Mittagessen legen sich alle Kinder auf den Rücken und sehen den vorbeiziehenden Wolken zu. »Schau mal!«, ruft Jakob. »Da fliegt ein Elefant mit drei Ohren!« Alle lachen, aber Jakob hat Recht. Genauso sieht die dicke Wolke aus. Hast du auch schon mal lustige Wolkentiere am Himmel entdeckt?

Wie entstehen eigentlich Wolken? Wenn die Sonne einen See oder Fluss erwärmt, verdunstet Wasser und Wasserdampf steigt auf. Wenn der Wasserdampf abkühlt, bilden sich kleine Wölkchen. In höheren Luftschichten kühlen diese noch weiter ab und verbinden sich mit anderen Wolken.

Nach einem Gewitter scheint oft gleich wieder die Sonne. Dreh dich mit dem Rücken zur Sonne: Vielleicht hast du Glück und entdeckst einen Regenbogen am Himmel! Das Sonnenlicht setzt sich nämlich aus Violett, Dunkelblau, Hellblau,

Grün, Gelb, Orange und Rot zusammen, auch wenn es uns weiß erscheint.
Während oder direkt nach einem Regenschauer schweben viele Wassertröpfchen in der Luft und spalten die Sonnenstrahlen in diese sieben Farben. So entsteht ein Regenbogen!

Im Sommer kann es an heißen Tagen zu Gewittern kommen (s. grüne Ausklappseite). Sie kündigen sich mit großen, dunklen Wolken an, die aussehen wie ein großer Blumenkohl.

Die Zugvögel kündigen den **Herbst** an. Bevor es bei uns richtig kalt wird, machen sich Stare, Drosseln und Lerchen auf den Weg in den warmen Süden. Dazu sammeln sie sich auf Bäumen und Stromleitungen.

Auch wir spüren die Veränderung: Plötzlich ist es morgens und abends viel kühler als im Sommer, oft sogar neblig.
In Sträuchern und Hecken kannst du nun viele Spinnweben entdecken. Gerade im Herbst sammeln sich viele kleine Tautropfen an den hauchdünnen Fäden, und so werden die Netze gut sichtbar.

Im Herbst sind alle am Sammeln: Menschen und Tiere. Auf den Feldern werden jetzt auch Kartoffeln und Möhren geerntet. Unglaublich, wie viele Kartoffeln unterirdisch an den Wurzeln einer Pflanze wachsen!

Später am Tag sind die Tautröpfchen verschwunden, aber es gibt einen Trick, die Spinnennetze wieder sichtbar zu machen: Wenn wir die Netze mit einer Sprühflasche ansprühen, werden sie sofort sichtbar!

Nach der Kartoffelernte darf man die kleinen Kartoffeln, die noch auf dem Feld liegen, sammeln. Wenn sie in der Glut eines Kartoffelfeuers gegart werden, schmecken sie besonders gut.

Aus reifen Äpfeln gepresster Apfelsaft schmeckt lecker. Und erst ein frisch gebackener Apfelstrudel!

Auch der Kürbis ist eine sehr vielseitige Herbstfrucht:

Man kann ihn aushöhlen und das Fruchtfleisch für eine Kürbissuppe verwenden. Die Kürbiskerne können getrocknet und mit etwas Salz im Ofen geröstet werden.
Schneide ein lustiges Gesicht in den ausgehöhlten Kürbis und stelle danach eine Kerze hinein. Den abgeschnittenen Deckel setzen wir anschließend wieder obendrauf. Gerade zu Halloween leuchten viele gespenstische Kürbisgesichter in den Fenstern und in den Gärten.

Am Sonntag nach Michaeli, nach dem 29. September, wird das Erntedankfest gefeiert. An diesem Tag danken wir unserem Gott für die Natur und ihre Schätze. Oft bringen die Menschen Früchte, Getreide und Gemüse in die Kirche zum Altar. Dort werden diese gesegnet und es wird ein Dankgottesdienst gefeiert.

Auch im Kindergarten sieht so ein festlicher Erntedanktisch schön aus. Zusätzlich zu den Früchten können wir ihn mit bunten Blättern und Naturketten schmücken (s. beige Ausklappseite).

Der Wind bläst nun oft stark und die bunten Blätter fallen von den Bäumen. Die schönsten Blätter nimmt Fabian mit nach Hause. Abends telefoniert er mit Oma: »Es dauert gar nicht mehr lange, bis ich Geburtstag habe. Dann feiere ich mit meinen Freunden! Ich habe heute Blätter gesammelt, die ich in einem dicken Buch trockne. Mama schreibt mit einem Lackstift die Einladungen auf die Blätter. Danach kleben wir die Blätter auf eine Karte und ich mache eine Zeichnung dazu.
An meinem Fest wollen wir bunte Drachen bauen. Natürlich helfen Papa und Mama mit. Wenn alle Drachen fertig sind, gehen wir hinaus und lassen sie steigen. Meine Schwester und ihre Freundin basteln sich bunte Windräder!«
(s. beige Ausklappseite)

Ein Teil der im Herbst heruntergefallenen Blätter im Garten sollten nicht weggerecht werden, denn es gibt eine Menge Tiere, die sich von den Blättern ernähren. Mit einer Becherlupe kann man kleine Tiere besonders gut beobachten.

Hast du getrocknete Herbstblätter schon mal als Schablone verwendet? Man legt dazu das getrocknete Blatt auf ein Papier und streicht mit einem Pinsel Wasserfarbe über den Blattrand. Am besten von innen nach außen. Wenn man danach das Blatt vorsichtig abnimmt, sieht man die Blattform.

Fabian macht es manchmal auch so: Er spritzt die Farbe mit einer alten Zahnbürste durch ein Sieb über die Blätter. Durch das Auflegen und Spritzen von verschiedenen Blättern bekommt er wunderschöne Kunstwerke!

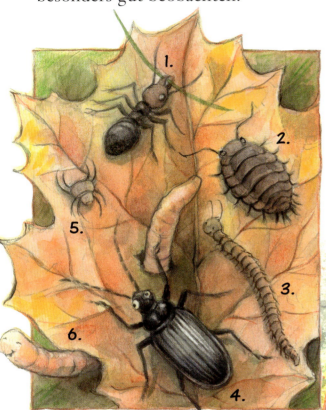

1. Ameise, 2. Assel, 3. Doppelfüßler,
4. Laufkäfer, 5. Doppelfüßler,
6. Regenwurm

Auf den Feldern und im Wald sammeln jetzt Eichhörnchen und Mäuse Nüsse, Getreidekörner und Bucheckern für ihren Wintervorrat, und Igel sind auf der Suche nach einem geschützten Platz (z. B. einen Laubhaufen), um dort ihren Winterschlaf zu verbringen.

Auch wir finden jetzt vieles in der Natur: Kastanien, Eicheln und Pilze. Vorsicht: Manche Pilze sehen schön aus, sind aber sehr, sehr giftig!

Auch Zapfen gibt es jetzt überall im Wald. Zwischen den Schuppen der Zapfen sitzen kleine Samen, aus denen wieder Bäume werden können. Wenn man einen Zapfen auf die Heizung legt, öffnen sich die Schuppen und die Samen fallen heraus. Ist der Zapfen feucht, bleiben die Schuppen geschlossen. Eine tolle Idee der Natur, denn so fallen die Samen nur bei warmem, schönem Wetter heraus und können vom Wind verweht werden. So wachsen neue Bäume an anderen Stellen im Wald.

Aber was ist eigentlich Schnee? Schnee besteht aus vielen winzigen Kristallen und aus Luft. Mit einer Lupe sind die verschiedenen Formen gut zu erkennen.

Antonia liebt den Schnee! »Sobald der erste Schnee vom Himmel fällt, gehe ich raus und fange mit der Zunge die ersten Schneeflocken auf. Das mag ich sooo!«

»Am Wochenende haben wir einen Riesenschneemann gebaut. Danach gab es noch eine Schneeballschlacht und wir haben meinen Papa am Ende richtig eingeseift«, erzählt sie ihrer Freundin.

Die Inuit am Nordpol wohnten früher sogar in Häusern aus Schnee. Wer weiß, wie so ein Schneehaus genannt wird?

Iglu

Viele Tiere haben für den Winter ihre »Vorratskammern« gut gefüllt, denn wenn viel Schnee liegt, ist es schwierig für sie, etwas zu fressen zu finden. Auch viele Vögel sind auf Futtersuche. Wir helfen ihnen, indem wir Vogelfutter in ein Vogelhäuschen streuen oder Erdnüsse auf eine lange, feste Schnur fädeln. Wenn wir die Kette gut sichtbar aufhängen, lassen sich die Vögel gut beobachten!

Frösche, die im Wasser leben, fallen jetzt in eine Kältestarre und sitzen ganz unten am Grund des Sees. Fische haben sich dort im Schlamm vergraben.

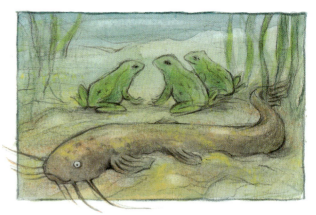

Wenn es richtig kalt wird, frieren viele Seen und Teiche zu.

»Eine richtig dicke Eisschicht ist eine tolle Rutschbahn«, findet Antonia. Sie verbringt neuerdings jede freie Minute auf dem Eis. »Ich habe Schlittschuhe bekommen und lerne jetzt Eislaufen«, erzählt sie in der Morgenrunde im Kindergarten. »Das ist gar nicht so einfach und ein paar Mal bin ich schon auf dem Po gelandet! Aber mein großer Bruder Jan kann schon ganz toll Schlittschuh laufen und er bringt es mir bei!«

Am 6. Dezember kommt der Nikolaus. Er ist der bekannteste und beliebteste Heilige und er wird vor allem als Freund und Schutzpatron der Kinder verehrt (s. blaue Ausklappseite). Was er Antonia wohl dieses Jahr bringt?

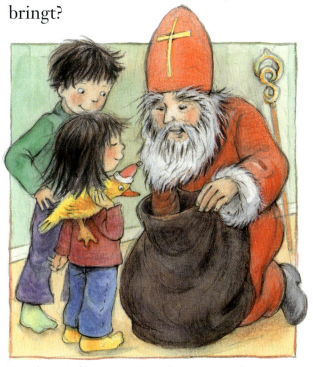

In der Adventszeit stimmen wir uns auf das Weihnachtsfest ein. An den vier Sonntagen im Advent zünden wir jede Woche eine Kerze mehr auf dem Adventskranz an. Alle Kindergartenkinder können es kaum noch erwarten:

»Erst eins, dann zwei, dann drei, dann vier, dann steht das Christkind vor der Tür!«
Die Vorweihnachtszeit riecht nach Zimt und Spekulatius, nach Tannenzweigen und Mandarinen.

Auch selbst gemachte »Duftkugeln« und Zitrusketten (s. blaue Ausklappseite) verbreiten einen herrlichen Duft.

Antonia hilft ihrer Mutter jetzt gerne beim Ausstechen und Verzieren der vielen Plätzchen. Immer wieder nascht sie vom Teig. Wie gut das schmeckt!

Das Warten bis Weihnachten wird durch den Adventskalender verkürzt, da jeden Tag ein kleines Päckchen aufgemacht werden darf. Antonia ist morgens immer schon ganz zappelig und darf sogar schon vor dem Frühstück Schokolade essen (wenn diese im Kalender ist) — ausnahmsweise!

Im Kindergarten führen die Kinder ein Krippenspiel auf. »Dieses Jahr darf ich die Maria spielen!«, erzählt Antonia aufgeregt.
Am 24. Dezember holt Papa die Schachtel mit dem Weihnachtsschmuck vom Dachboden. Vorsichtig helfen Jan und Antonia, den Tannenbaum zu schmücken. Die selbst gebastelten Strohsterne bekommen einen Ehrenplatz.

An Weihnachten feiern wir die Geburt Jesu. Die Krippenfiguren unter dem Weihnachtsbaum erinnern daran, dass Jesus in einem Stall zur Welt kam.

Nach dem Abendessen zündet Mama vorsichtig die Kerzen am Weihnachtsbaum an und gemeinsam singen sie Weihnachtslieder. Dann liest Jan die Weihnachtsgeschichte vor. Endlich ist es so weit: Antonia darf ihre Geschenke auspacken!
»Buntstifte!«, freut sie sich.
»So viele Farben!«
Außerdem bekommt sie ein Memo-Spiel. Das erste Spiel gewinnt Antonia. Vor Papa und Jan.

26

Die Legende vom heiligen Nikolaus

Der heilige Nikolaus war vor langer, langer Zeit Bischof von Myra und wurde wegen seiner Freigiebigkeit sehr geehrt und geliebt. Man erzählt, dass er einem Vater geholfen hat, der so arm war, dass er seinen drei Töchtern kein Geld für ihre Aussteuer geben konnte. Er wollte die drei Mädchen aus dem Haus schicken, damit sie selber ihr Geld verdienen. Der heilige Nikolaus hatte großes Mitleid mit dieser Familie, und er warf den Mädchen an drei Nächten jeweils einen Goldklumpen in die Schuhe, damit sie heiraten konnten.

Zur Erinnerung an diese gute Tat stellen die Kinder ihre Schuhe an seinem Todestag vor die Tür, in der Hoffnung, dass jemand ihnen etwas Gutes hineinlegt.

Lasst uns froh und munter sein

Duftkugeln und Zitrusketten

Wir bekleben eine Apfelsine über Kreuz mit Klebestreifen. Über diese Stellen kommt später ein schönes Aufhängeband. Die restliche Frucht spicken wir mit Gewürznelken.
Wir können die Nelken nebeneinander in die Apfelsine stecken oder wir machen Muster, wie Blumen oder Spiralen. Zwischen den Nelken sollte etwas Platz gelassen werden, denn die Apfelsine schrumpft beim Trocknen zusammen.
Anschließend wickeln wir ein Band um die Frucht und hängen sie im Haus auf.
Sie duftet wochenlang.

Auch mit getrockneten Zitronen und Apfelsinen kann man herrliche Düfte ins Haus zaubern!
Wir schneiden Zitronen und/oder Apfelsinen in dünne Scheiben. Diese Scheiben fädeln wir auf einen festen Faden und hängen sie über einem Heizkörper zum Trocknen auf. Nach einigen Tagen können wir sie in ein Körbchen auf die Heizung stellen.
So entwickelt sich der Duft am besten.

Warum feiern wir Karneval oder Fastnacht?

Das Wort Fastnacht ist schon sehr alt und bedeutet »Unfug in der Nacht aus Freude über den kommenden Lenz (Frühling)«. Früher setzten sich die Menschen Masken auf und zogen mit Trommeln und Pauken durch die Straßen, um die Wintergeister zu vertreiben. Heute hat niemand mehr Angst vor Geistern, aber das Fastnachtsfest wird immer noch gefeiert. Offiziell beginnt die Karnevalszeit am 11. November um 11.11 Uhr.
Am Aschermittwoch ist sie vorbei. Dann beginnt die 40-tägige Fastenzeit, die am Ostersamstag zu Ende geht.

Der letzte Tag des Jahres ist nach dem Papst Silvester benannt. Antonia darf zum ersten Mal bis Mitternacht aufbleiben. Um 12 Uhr nachts geht sie mit Papa, Mama und Jan auf den Balkon, um das Feuerwerk anzuschauen. »Schade, dass es so schnell vorbei war!«, findet Antonia. »So einen toll glitzernden Himmel habe ich noch nie gesehen! Das wird ein schönes, neues Jahr!« Am 6. Januar wird das Fest

der Heiligen Drei Könige gefeiert. Nachdem Jesus geboren war, folgten die drei Weisen Kaspar, Melchior und Balthasar dem Stern von Bethlehem und fanden Maria und Josef und brachten dem Kind in der Krippe Geschenke dar. Jedes Jahr ziehen viele Kinder als Heilige Drei Könige verkleidet von Haus zu Haus. Sie singen Sternsingerlieder, verkünden Gottes Frieden und bitten um Spenden für Kinder, denen es nicht so gut geht wie uns; an die Türpfosten schreiben sie

»C+M+B« und die Jahreszahl. Das ist die Abkürzung für »Christus mansionem benedictat«, das ist lateinisch und bedeutet »Christus schütze dieses Haus«.
Ende Februar oder Anfang März ist die Faschings- oder Karnevalszeit (s. blaue Ausklappseite). Wir verkleiden und schminken uns und naschen Faschingskrapfen. Antonia ist dieses Jahr eine Prinzessin und der Kindergarten hat sich in eine Ritterburg verwandelt. Dieses letzte, lustige Fest im Winter mag Antonia besonders gern!

Kennst du das Jahr?

Niklas, das Frühlingskind

Antonia, das Winterkind

Lena,
das Sommerkind

Fabian,
das Herbstkind

Wie lang ist ein Jahr?

Jeder weiß, dass ein Jahr eine lange Zeit ist. Wenn du gerade Geburtstag hast, dauert es 365 Tage, bis du den nächsten feiern kannst. Denn so lange braucht die Erde, bis sie ein Mal die Sonne umrundet hat. Eigentlich sind es sogar 365 Tage und ein viertel Tag. Alle vier Jahre hat das Jahr deshalb 366 Tage und wird Schaltjahr genannt.

Die Erde dreht sich nicht nur um die Sonne, sondern sie dreht sich auch ein Mal am Tag um sich selbst. Daher wird es abends dunkel, und es sieht so aus, als würde die Sonne hinter dem Horizont verschwinden. In dieser Zeit bescheint die Sonne die andere Seite der Erde. Wenn wir in Europa nachts schlafen, ist es auf der anderen Seite der Erde, in Australien, gerade Mittag.

Mit einem Experiment kann man sich das besser vorstellen. Dazu braucht man einen Globus und eine Glühlampe. Die Glühlampe stellt die Sonne dar. Wenn man den Globus nun dreht, beleuchtet die »Sonne« nur die eine Hälfte der Erde, die andere liegt im Dunkeln.

Was ist ein Monat?

Das Jahr unterteilen wir in zwölf Monate: Januar, Februar, März, April, Mai, Juni, Juli, August, September, Oktober, November und Dezember. Ein Monat dauert so lange, wie der Mond braucht, um ein Mal die Erde zu umrunden. Das sind 29 Tage. Wenn du an verschiedenen Abenden den Mond anschaust, wirst du feststellen, dass er immer wieder anders aussieht: mal ganz rund, mal halb rund, manchmal sieht man nur eine Sichel. Und manchmal ist der Mond auch ganz verschwunden. Das kommt daher, dass wir hier auf der Erde immer nur den Teil des Mondes sehen, der von der Sonne angestrahlt wird.

Der Mond ist genauso rund wie die Erde, nur viel kleiner — bei Vollmond kann man das Rund des Mondes sehen.

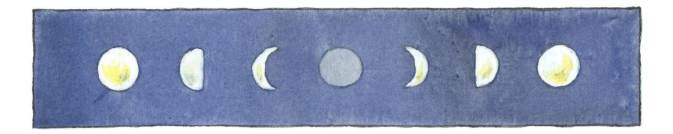

Warum ist nicht jeder Monat gleich lang?

Um die Sonne ein Mal zu umrunden, braucht die Erde etwas länger als zwölf Monate. Leider kann man an den Himmelskörpern nicht genau erkennen, wie lang jeder einzelne Monat ist, und man hat die Monate unterschiedlich lang bestimmt. Die meisten Monate sind 31 Tage lang, April, Juni, September und November haben je 30 Tage. Nur der Februar macht eine Ausnahme: Er hat nur 28 Tage. Wenn ein Schaltjahr ist, bekommt der Februar einen Tag zusätzlich. Das bedeutet, dass der Februar alle vier Jahre 29 Tage lang ist.

Wer wissen möchte, wie lange er noch warten muss, bis er wieder Geburtstag hat, kann einfach im Kalender nachschauen und die Tage zusammenzählen. Mit dem Kalender messen wir Tage, Wochen, Monate und Jahre. Stunden und Minuten zählen wir mit der Uhr.

Bibliografische Information der Deutschen Bibliothek

Die Deutsche Bibliothek verzeichnet diese Publikation
in der Deutschen Nationalbibliografie;
detaillierte bibliografische Daten sind im
Internet über http://dnb.ddb.de abrufbar.

Der Verlag bedankt sich herzlich bei Kindergarten-Teams,
die bei der Konzeption des Buches ihre Erfahrungen beigesteuert haben!

Quellennachweis:
»Die Tulpe« aus: Josef Guggenmos,
Was denkt die Maus am Donnerstag?
Beltz & Gelberg in der Verlagsgruppe Beltz,
Weinheim & Basel

© 2006 arsEdition GmbH, München
Alle Rechte vorbehalten
ISBN 978-3-7607-1466-0

www.arsedition.de